D1725129

Joseph Singer

Deserve: Jeder bekommt, was er verdient

story.one – Life is a story

 story.one

1st edition 2024
© Joseph Singer

Production, design and conception:
story.one publishing - www.story.one
A brand of Storylution GmbH

All rights reserved, in particular that of public performance, transmission by radio and
television and translation, including individual parts. No part of this work may be
reproduced in any form (by photography, microfilm or other processes) or processed,
duplicated or distributed using electronic systems without the written permission of the
copyright holder. Despite careful editing, all information in this work is provided
without guarantee. Any liability on the part of the authors or editors and the publisher is
excluded.

Font set from Minion Pro, Lato and Merriweather.

© Cover photo: Pratiksha Mohanty auf Unsplash.com

© Photos: M. Joya, E. Simenauer, P. Mohanty, K. Kulikova, Brands&People, K.
Musalimov, S.A. Santos, A. Pasqual, S. Mauricio, M. Zimmerman, Anshu A, A. Jankovic,
O. Norin, P.M. Montes, Lidye auf Unsplash.com

Lektorat: Gedankenwelten, www.gedankenwelten-lektorat.de

ISBN: 978-3-7115-3985-4

„Die Wahrheit ruht auf dem Boden des Kochtopfes."
Paul Bocuse

INHALT

1. Willkommen im Deserve

Willkommen im Restaurant Deserve. Ich bin Basil, Besitzer, Koch und Wirt in einer Person. Ich freue mich, dich heute bewirten zu dürfen. Bitte, sei nicht schüchtern, tritt näher und such dir einen Platz. Noch hast du freie Wahl, wie dir die leeren Tische und Stühle sicher verraten. Zwar bist du an diesem Tag mein erster Gast, doch ich bleibe optimistisch, dass der Hunger mehr Menschen zu mir treiben wird.

Oh, du wählst gerade diesen Platz? Nein, bleib bitte sitzen. Es ist nur so, dass sich seit einem Jahr niemand traut, diesen Stuhl zu nutzen. Warum? Tja, es mag Zufall sein, aber es gehört auch eine deftige Portion Aberglauben dazu, denn der letzte Gast, der dort saß, starb am selben Abend. Wie ich an deiner spöttischen Miene ablese, ist mir mein dramatischer Tonfall wohl nicht gelungen. Ich gebe zu, dass der Stuhl reichlich wenig zum Tod des Gastes beitrug. Aber was rede ich? Du suchst ein gutes Essen im Deserve, keinen Koch, der alte Kamellen aufwärmt.

Ah, entschuldige, ich merke, dass ich einen entscheidenden Punkt vergessen habe. Im Deserve existiert weder eine Speisekarte noch ein Tagesmenü. Hier bekommt jeder Gast das Gericht, welches am besten zu ihm passt. Genau das Essen, das er verdient. Glaub mir, diesen ungläubigen Blick, den du mir schenkst, habe ich schon hunderte Male gesehen und trotzdem freue ich mich immer wieder aufs Neue über die Wirkung, die meine Worte erzielen. Du musst verstehen, dass ich eine seltene Gabe besitze. In den Augen meiner Gäste erkenne ich, was sie am dringendsten brauchen. Lege also alle Sorgen ab und vertraue mir. Meine Gerichte treffen den individuellen Geschmack und jeder verlässt zufrieden meinen Laden.

Bitte, ein Glas Wasser geht aufs Haus. Das ist Usus im Deserve, da alle Menschen Wasser benötigen. Es ist eines unserer tiefsten Bedürfnisse. Aus Sicht eines Kochs besitzt es aber eine weitere Bedeutung: Es neutralisiert vorhandene Geschmäcker. Zusätzlich eröffnet es mir die Gelegenheit, dir in die Augen zu blicken, während du das Glas an die Lippen setzt. Dies ist der Moment, in dem sich mein Geist mit Ideen für das perfekte Gericht füllt, das exakt deinen

Vorlieben entspricht. Danach gilt es, ohne zu zögern, ein Messer aus dem Messerblock zu ziehen und sich in die Arbeit zu stürzen.

Wie du sicher bemerkt hast, schließt sich hinter dem Tresen direkt die Kochzeile mit Herd, Ofen und Spüle an. Als Einzelkämpfer, der sich um das Kochen und Bedienen der siebzehn Plätze gleichzeitig kümmert, reicht mir eine minimalistische Küche. Dadurch bin ich mein eigener Herr und bestimme meine Arbeitsabläufe. Zusätzlich gilt es als Highlight, mir bei der Zubereitung über die Schulter zu schauen. Die bloße Beobachtung steigert die Vorfreude, während die Aromen ungehindert durch den Raum ziehen. Und nebenbei bleibt Zeit, mit den Gästen zu plaudern. Mir scheint, der verstorbene Gast beschäftigt dich mehr als meine Ausschweifungen zur Kochkunst. Wie bei dir war es sein erster Besuch. Er verließ satt und glücklich meinen Laden, doch am nächsten Morgen war er tot und schloss damit eine Reihe merkwürdiger Todesfälle. Interessierst du dich dafür? Gut, dann erzähle ich dir, was damals vorfiel.

2. Anregende Tacos

„Zehn Tote", wiederholt Isabella Mori. „Ich begreife nicht, warum meine Abteilung das nicht untersucht?" Sie sieht mich durchdringend an, als wäre es mein Job diese Fallaufklärung anzustoßen, obwohl ich doch dafür verantwortlich bin, ihr ein passendes Gericht zu kreieren. Zumindest hilft der tiefe Blick, den sie mir zuwirft, ihre Bedürfnisse zu erkennen, sodass ich gezielt nach Ingwer greife und die Wurzel schäle, während sie weiter über ihre Arbeit bei der Polizei lamentiert. „Zehn Tote", fährt sie fort, „sind unmöglich Zufall. Trotzdem will unser Chef keine Obduktion anstoßen. Alte Leute sterben nun einmal, meint Horst und ich gebe ihm recht, aber gleich zehn in einem Monat und das allein in unserem Viertel? Ich fühle mich merkwürdig bei der Sache, doch es lässt sich kein Zusammenhang zwischen ihnen finden. Sie waren weder verwandt noch besaßen sie gemeinsame Kontakte, nichts. Ihre Türen waren abgesperrt, keine Indizien für einen Einbruch. Somit werden die Fälle zu den Akten gelegt." Stöhnend legt Isabella den Kopf in die Hände, während ich die Pfanne auf dem Herd erhitze. Natürlich weiß auch ich von den ominösen Toten, größtenteils von Isabella, die sich als einzige tiefer für sie interessiert. Alle anderen sehen nur Menschen über siebzig, die alleine in ihrer Wohnung zusammenbrachen und starben. „Ich habe die Nachbarn befragt", fährt sie fort, wobei ihr Kopf vor Müdigkeit auf den Tresen sinkt. „Kannst du dir vorstellen, welches Misstrauen mir entgegenschlägt? Ich will helfen, werde aber angeschaut, als wäre ich die Verbrecherin. Gerade ich."

„Du bist eine gute Seele, meine Liebe." Ich schenke ihr ein Lächeln und bereite den Teig vor, bei dem ich das Mais- mit Buchweizenmehl auswechsele. Meine Gabe flüstert mir zu, dass sie mehr auf ihre Gesundheit achten sollte. „Die Menschen haben Angst, dass ihre täglichen Vergehen vor der Polizei auffliegen könnten. Daher die abwehrende Haltung." Mit flinken Händen gebe ich ihrem Gericht das letzte Finish: Ein Spritzer Limettensaft, ein Hauch Piri Piri und schon schiebe ich ihr den angewärmten Teller zu. Ihre Augen hellen sich auf, als ihr das Aroma knusprig gebratener Kartoffelwürfel in die Nase steigt. „Bitteschön, hier bekommt jeder, was er verdient", sage ich meinen berühmten Spruch auf. Ihre Lebensgeister erwachen mit dem ersten Bissen der gefüllten Buchweizen-Tacos. Die Füllung aus Kidneybohnen habe ich mit anregenden Zutaten wie Ingwer aufgewertet, um sie auf ihren Körper abzustimmen. Es ist das Gericht, das eine ausgelaugte Polizeimeisterin am Ende des Tages benötigt, und mir gelingt es nicht, mein Grinsen zu unterdrücken, als ich die Begeisterung spüre, mit der sie meine Kreation verschlingt. Ich greife nach einer Flasche Tonic und serviere es mit Eis und einem Schuss Gin. Weniger als üblich, da sie nicht zu viel Alkohol konsumieren sollte. Ich weiß das.

„Von den Toten habe ich auch gehört", sagt der neue Gast, der sich neben Isabella an den Tresen setzt. „Nichts Ungewöhnliches, wenn ihr mich fragt. Täglich sterben Menschen." Mit diesen Worten erntet er eine hochgezogene Augenbraue von Isabella, doch er beachtet sie nicht. „Und du bist dieser sonderbare Koch, der keine Karte anbietet? Los, überrasch mich." Ich lächele professionell, nutze meine Gabe und blicke in seine müden Augen. Trotz langjähriger Berufserfahrung entweicht mir ein Seufzer.

3. Hühnerfrikassee für anstrengende Kunden

Ich vermute, dass jeder in seinem Beruf hin und wieder mit anstrengenden Kunden konfrontiert wird, doch der Gast, der sich neben Isabella gesetzt hat, ist eine Hausnummer. Er stellt sich als Gustav Rauch vor. Meine Stammkunden Daphne, Marius und Hana hatten ihn für ihren geplanten Spieleabend angeschleppt und während Isabella ihre Tacos verspeist und Gustav mich mustert, mischen die anderen drei an einem der Tische die Karten. Für die drei habe ich bereits gekocht und es fiel mir leicht, passende Gerichte zu wählen. Doch was kocht man einem Menschen, den sein eigenes Leben langweilt? An seiner Miene lese ich ab, dass er mit nichts zufrieden sein wird. Die graue Haut, das dünne Haar und die unterlaufenen Augen deuten auf eine Mangelernährung hin, der schlaffe Bauchansatz auf ein Übermaß an Fertiggerichten.

Trotzdem schnappe ich mir meine Messer und angle eine frische Pfanne von der Wandhalterung, denn ein Koch schreckt vor keiner Herausforderung zurück. Das ist einer der Gründe, warum ich eine offene Küche bevorzuge. Ich will dabei sein, wenn meine Gäste zum Löffel greifen, erkennen, ob der Geschmack eine Flut aus Glückshormonen auslöst. Ein positiver Nebeneffekt ist, dass mich die Gäste beim Hantieren mit den Messern bewundern. Ich gebe zu, dass wir Köche gerne mit unseren Künsten prahlen.

Ich kremple die Ärmel meiner schwarzen Kochjacke zurück, werfe ein Stück Butter in die Pfanne und lege das Schneidbrett bereit. Dabei fällt mir Gustavs abfälliger Blick auf, der auf meinen tätowierten Unterarmen ruht. Meinen linken Arm zieren Flammen, die sich vom Handgelenk bis zum Ellenbogen schlängeln, den rechten schmücken drei Messer, ein Gemüsemesser, ein Filetiermesser und ein Santoku, ein japanisches Allzweckmesser. „Ohne Messer keine Zubereitung und ohne Feuer kein Gericht", sage ich zu Gustav, der lediglich mit den Schultern zuckt. Froh darüber, dass er sich einen Kommentar verkneift, konzentriere ich mich auf meine Arbeit: Hähnchenstreifen schneiden und scharf anbraten, Reis in den Kocher, Erbsen auf den Herd. Ich sauge die entstehenden Düfte auf und reduziere die Hitze, damit das Fleisch nicht anbrennt. Die Soße verfeinere ich mit Sahne und gieße sie über den Reis. Die Kapern habe ich wohlweislich weggelassen, da er sie ohnehin rauspicken würde. Die Erbsen schmecke ich ab und merke, dass dem süßlichen Geschmack Salz fehlt. Schließlich halte ich vor meinem ausladenden Gewürzregal inne. Die Auswahl für Gustav ist schwer; um ehrlich zu sein, ist mir solch ein harter Fall bisher noch nie untergekommen. Nach reichlicher Überlegung tendiere ich zu meinen speziellen Gewürzen, greife in die hölzerne Schublade und streue eine Prise des Krauts, das an getrocknete Petersilie erinnert, über die Zutaten. Et voilà! „Bitteschön, hier bekommt jeder, was er verdient."

„Hühnerfrikassee? Ich dachte, du kochst etwas Ausgefallenes." Gustav kräuselt den Mund, doch als er den ersten Löffel nimmt, ändert sich seine Miene.

4. Süßes Sushi gegen Trauer

„Es schmeckt wie bei Oma", staunt Gustav und ich grinse überlegen. Mit der richtigen Würzung lässt sich das Herz des größten Muffels berühren. Als er mir den leeren Teller zuschiebt, ist kein Reiskorn mehr übrig und das Porzellan blitzblank. Zwar verliert er kein Wort des Dankes, aber ein zufriedener Gast ist mir Lohn genug. Zurück am Tisch eröffnet er gemeinsam mit Daphne, Maurice und Hana eine ausgelassene Kartenrunde, zu der ich gebackene Kichererbsen als Snack reiche. Daphnes Gelächter dröhnt durch das Deserve und mehrfach schenke ich ihr Wein nach, was ihre Stimmung steigert. Das letzte Glas verdünne ich mit Wasser – nicht um meinen Gewinn zu erhöhen, sondern um ihre Gesundheit zu schonen. Durch meine Gabe weiß ich, wann Schluss für sie ist. Maurice erträgt mit gleichgültiger Miene Gustavs Sticheleien, der das Spiel eindeutig dominiert. Das bemerke ich sogar hinter dem Tresen. Als es dunkelt, löst sich die muntere Gesellschaft auf und das Deserve leert sich; nur Hana bleibt zurück. Den Blick in das Display ihres Smartphones versenkt, nippt sie an ihrer Apfelschorle. Beim Abräumen flüstert mir meine Gabe ihre Wünsche zu und ich eile zurück zur Küche. Mit dem restlichen Reis bereite ich eine abgewandelte Maki-Rolle zu. Anstelle der Algen rolle ich den mit Kokosmilch verfeinerten Reis in hauchdünne Schokolade und fülle ihn mit gezuckerten Erdbeeren. Vier der Röllchen serviere ich Hana, das letzte stecke ich mir selbst in den Mund. Wer als Koch hungert, versteht seinen Job nicht.

„Bitteschön, hier bekommt jeder, was er verdient." Hana fehlen vor Überraschung die Worte, aber ich weiß, dass es ihr nur an etwas Süßem mangelt, um ihre Stimmung aufzuheitern. Das japanisch angehauchte Gericht passt zum Heimatland ihrer Mutter. Ihr Vater, ein Deutscher, ist vor zwei Wochen verstorben. Isabella hat mich eingeweiht, dass er zu den zehn ominösen Toten zählt. Gustav meinte, dass täglich Menschen sterben. Damit hat er recht, doch verlässt uns eine geliebte Person aus unserer Mitte, leidet ihr Umfeld. Als Koch sehe ich meine Aufgabe darin, die Bedürfnisse meiner Gäste zu befriedigen. Bei einem Todesfall gelingt mir das nicht, da kein Gericht ein Loch im Herzen zu füllen vermag.

„Daphne hat mich überredet, heute mitzuspielen", eröffnet Hana mir. „Ich wünschte, die Ablenkung würde die Trauer vertreiben, doch ich vermisse Vater. Er war viel zu jung, gerade erst Anfang siebzig. Bis auf die Gelenkschmerzen war er kerngesund. Wer konnte ahnen, dass er plötzlich umfällt und stirbt? Wären Mutter oder ich doch nur zu Hause gewesen."

„Niemand kann in die Zukunft sehen", erwidere ich. „Daher müssen wir jeden Augenblick und jeden Bissen genießen." Hanas Mundwinkel zucken. Sie versteht meine Andeutung und greift nach der Süßspeise. Ein wohliges Stöhnen entweicht ihren Lippen und wieder erfüllt mich dieses Glücksgefühl, da ich die richtige Wahl getroffen habe. Den Anblick verewige ich mit einem Foto. Als sie schließlich mit einer Verbeugung das Deserve verlässt und ich hinter ihr abschließe, beginne ich damit, den Tag zu verdauen. Einerseits freue ich mich über die gelungenen Speisen, andererseits bleibt ein fader Beigeschmack. Ich befürchte, dass uns die Toten weiter begleiten werden.

5. Der elfte Tote

Meine Vorahnung bewahrheitet sich am nächsten Tag. Am frühen Abend, ich bin noch nicht mit den Vorbereitungen fertig, stürmt Isabella das Deserve, Maurice, Daphne und Hana im Schlepptau. Verwundert betrachte ich die Versammelten. Maurice beschwert sich lautstark, dass Isabella ihn von seiner Arbeit abhalte. Doch die Polizeimeisterin, heute sogar in Uniform, bittet um Aufmerksamkeit.

„Leider muss ich euch mitteilen, dass Gustav Rauch tot in seiner Wohnung aufgefunden wurde", verkündet sie und ein Raunen fährt durch den Schankraum. Maurice lockert seine Krawatte, Daphne sackt auf einem Stuhl zusammen und Hana schlägt sich die Hände vors Gesicht. „Er arbeitete in einer Apotheke und eine Kollegin hat ihn gesucht, nachdem er nicht zur Arbeit erschienen war. Sie fand ihn im Wohnzimmer vor dem Sofa liegend und alarmierte die Polizei. Die geschätzte Todeszeit ist zehn Uhr abends, eine Stunde, nachdem wir gestern das Deserve verließen. Die Nachbarn haben nichts gehört, Einbruchspuren existieren nicht. Da er alleine lebte, fehlen uns die Anhaltspunkte. Jedoch", Isabella strafft die Schultern, „ist er der elfte Tote und nun steht endgültig fest, dass es sich um Mord handeln muss. Gustav Rauch war Ende dreißig und es gibt keine Anzeichen für einen Herzinfarkt oder einen Schlaganfall. Die Gerichtsmedizin untersucht derzeit seine Leiche, daher bleibt mir vorerst nur die Befragung von Zeugen."

„Werden wir verdächtigt?", ruft Daphne und ihre Stimme klettert eine Oktave in die Höhe.

„Ich kläre diesen Fall auf", erwidert Isabella mit durchgestrecktem Rücken, „dafür brauche ich Hinweise, die ihr mir vielleicht liefern könnt. Zwischen den Toten muss es eine Verbindung geben. Das bedeutet, wenn wir den Mörder von Gustav finden, lösen wir gleichzeitig die anderen Todesfälle." Schweigen breitet sich aus und gerne würde ich das tun, was ich am besten kann: kochen. Meine Finger sehnen sich nach einem Messergriff oder einer Schöpfkelle, doch dieser Augenblick erscheint mir unpassend. Selbst mit meiner Gabe erkenne ich kein Gericht, das in einer solchen Situation serviert werden könnte. Mir bleibt nichts, als vier

Wassergläser zu füllen und den anderen zu reichen. „Ich würde euch alle gerne dazu befragen, in welcher Verbindung ihr mit Gustav standet und wo ihr euch zur Tatzeit aufgehalten habt. Wir fangen bei dir an, Maurice."

„Mit mir?" Sofort verschränkt er die Arme vor der Brust und hebt das Kinn. Er schaut auf Isabella herab, die sich nicht einschüchtern lässt, auch wenn ich erkenne, dass ihr seine Körpersprache missfällt.

„Ja, denn in Gustavs Hosentasche fanden wir dies." Die Polizeimeisterin zieht einen Plastikbeutel hervor, in dem ein Papierfetzen und eine Spielkarte, ein Pikass, stecken. „Auf dem Zettel vermerkte Gustav Rauch Geldbeträge, die mit dem Namen Maurice Lohmann versehen sind. Es scheinen Spielschulden zu sein, die sich auf eine Gesamtsumme von achthundert Euro belaufen. Zudem warst du es, der ihn am Abend zu seiner Wohnung fuhr." Maurice wird weiß wie das Porzellan meiner Teller und schluckt schwer. Doch seine abwehrende Haltung ändert sich nicht. „Bitte erkläre mir das", drängt Isabella.

6. Schulden und ein Karten-deck

„Fang für das Protokoll bitte von vorne an", sagt Isabella. „Nenne uns deinen Namen, dein Alter und deinen Beruf. Und du brauchst dich nicht zu empören", unterbricht sie Maurice. „Entweder wir führen das Gespräch auf der Wache fort oder du reißt dich zusammen und kooperierst." Sie bleibt erstaunlich sachlich, auch wenn ich befürchte, dass sie ihre Berufswahl heute Abend wieder bereuen wird.

„Das ist Schikane", murrt Maurice. „Ich bin kein Mörder und habe mit dieser Sache nichts am Hut. Aber wenn es sein muss." Er glättet seine Krawatte und steckt die Hände in die Taschen seiner Anzughose. „Maurice Lohmann, 39 Jahre alt, von Beruf Bankier. Das weißt du alles. Ich kenne Gustav aus der Kindheit. Wir wohnten in der gleichen Gegend und besuchten dieselbe Schule. Seitdem trafen wir uns sporadisch. Es war Zufall, dass ich ihm gestern in der Stadt begegnete und ihn zu unserem Spieleabend einlud. Du warst dabei, wir verbrachten eine spaßige Zeit miteinander und anschließend chauffierte ich ihn mit meinem Wagen zu seiner Wohnung. Ich setzte ihn vor der Haustür ab und fuhr direkt zu meiner Familie. Soll ich meine Frau anrufen, damit du sie gleich ausquetschen kannst? Nein? Bin ich jetzt entlassen? Mein Arbeitsplatz wartet auf mich, immerhin leite ich eine Bank."

„Deine Ehefrau kontaktiere ich später, um dein Alibi zu überprüfen", sagt Isabella. „Trotzdem interessiert es mich, was du zu diesem Zettel und der Spielkarte sagst, die in Gustavs Hosentasche steckten. Geht es um Spielschulden? Das ergäbe ein Motiv. Du ärgertest dich und wolltest sie nicht begleichen. Es wurden schon Morde aus geringeren Beweggründen begangen. Außerdem die Spielkarte. Hast du sie ihm als Botschaft zugesteckt? Immerhin stellt Pik eine Lanze dar."

„Was soll ich dazu sagen? Ich erwähnte bereits, dass wir uns gelegentlich trafen, dabei spielten wir um Geld. In letzter Zeit war das Glück auf Gustavs Seite und ich forderte eine Revanche. Wegen achthundert Euro betreibe ich doch keinen derartigen Aufwand. In meinem Business sind das nichts weiter als Peanuts.

Wenn diese Befragung also nicht gleich aufhört, gehe ich und spreche mit meinem Anwalt. Er wird dir erklären, dass du deine Befugnisse überreizt."

„Vielleicht kann ich etwas beitragen?", sage ich und trete vor, froh der Untätigkeit zu entfliehen. „Die Herrschaften spielten mit meinen Karten, daher lässt sich leicht überprüfen, ob das Pikass fehlt. Wenn dem so ist, lassen sich sicher Maurices Fingerabdrücke abgleichen." Ich krame das Kartendeck aus der Schublade und suche es durch, bis ich das Pikass in die Höhe halte. „Das Blatt ist vollzählig. Damit ist der Verdacht nicht mehr haltbar."

„Endlich sagt jemand etwas Vernünftiges." Er nickt mir zu. „Gustav hielt ein zusätzliches Ass im Ärmel versteckt. Kein Wunder, dass er so oft gewann. Und nein", fällt er Isabella ins Wort, die den Mund öffnet, „ich wusste nichts von seinen Betrügereien. Und wenn du weiterhin jemanden verdächtigen willst, sprich mit Daphne. Immerhin hat sie ein richtiges Motiv." Alle Augen richten sich auf Daphne, deren massige Gestalt auf dem Stuhl zusammenschrumpft.

7. Schwer verdaulich

„Das will ich genau wissen", sagt Isabella, die Stirn in Falten gelegt. „Was meint er damit? Von welchem Motiv ist die Rede?"

„Du liebe Güte", entgegnet Daphne, ihre Augen weiten sich und ihre Haut verliert jegliche Farbe. „Ihr kennt mich. Nie im Leben würde ich eine derart schreckliche Tat begehen. Das müsst ihr mir glauben." Sie beißt sich auf die Unterlippe und sucht nach Beistand. Ein Gefühl der Hilflosigkeit überwältigt mich, da sich unglückliche Gäste im Deserve befinden, denen ich kein passendes Gericht servieren kann. Auf Isabellas strenge Miene hin besinnt sie sich. „Ich heiße Daphne Tsakiris, bin 37 Jahre alt und arbeite als Bankkauffrau in der Bank von Maurice. Ihr wisst schon, gleich neben dem Eingang am Schalter. Gustav kannte ich seit sechs oder sieben Jahren. Ich lernte ihn über Maurice kennen, als wir damals öfter die Kneipe zwei Straßen weiter besuchten. Und wegen des Motivs", sie fasst sich in den Nacken, „wir waren eine Weile zusammen, Gustav und ich. Wir verstanden uns gut und begannen eine Affäre. Meine erste Ehe zerbrach daran und wie ihr euch denken könnt, hielt das mit Gustav nicht lange. Er ließ mich nach wenigen Wochen sitzen. Aber das ist kein Motiv. Warum hätte ich ihn töten sollen? Die Geschichte liegt drei Jahre zurück, mittlerweile bin ich wieder verheiratet. Es passte eben nicht, es sollte nicht sein."

Isabella lässt nicht locker. „Wo warst du zur Tatzeit? Wir verließen gemeinsam das Deserve und Maurice fuhr Gustav zu seiner Wohnung. Bist du direkt nach Hause gegangen und kann dein Ehemann das bezeugen?"

„Also", beginnt Daphne, aber mir fällt auf, dass ein Astloch im Holzboden ihren Blick auf einmal magisch anzuziehen scheint. „Nein. Ich besuchte danach ein paar Bars, hab was getrunken und gefeiert." Auf Nachfrage der Polizeimeisterin führt sie weiter aus: „Ich glaube nicht, dass jemand das bezeugen kann. Ich war alleine unterwegs."

„Das kauft dir niemand ab", mischt sich Maurice ein. „Wir alle wissen, wie du bist. In jeder Kneipe bist du die Lauteste. Drei Gläser genügen und du singst jeden Song mit oder tanzt auf den Tischen. Wie oft hast du dich nach deinen Touren bei mir krankgemeldet?" Obwohl er recht hat, wünsche ich mir, dass er geschwiegen hätte. Dank seiner Worte schleichen sich Erinnerungen an einen denkwürdigen Abend in meinen Kopf. Der Tisch mit dem gebrochenen Bein, notdürftig repariert mit einem Metallwinkel aus dem Baumarkt, dient mittlerweile als Ablagefläche im Lager. Drei Beschwerden wegen Lärmbelästigung und zwei anrückende Polizeibeamte, die eine halbnackte Daphne aus dem Deserve bugsierten, waren zwar nicht förderlich für meinen Ruf, konnten meine Laune aber nicht vermiesen. Wenn Daphne in Fahrt ist, hält sie nichts mehr auf. Schiebt die Schuld ruhig auf meine Gabe. Ich servierte das, was sie an jenem Abend brauchte.

„Belassen wir es dabei", sagt Isabella und ich höre an ihrer Stimme, dass ihr Daphnes Aussage wie fettiges Fastfood im Magen brennt. „Nun zu dir." Mit diesen Worten wendet sie sich an Hana, die ein japanisches Schriftzeichen auf ihre Handfläche zeichnet und es symbolisch schluckt. Wie ich von ihr weiß, eine Geste, um Nervosität zu mindern.

8. Vollkorn-Pasta gegen Stress

„Mein Name ist Hana Schwarz." An ihre Vorstellung fügt sie eine Verbeugung an. „Ich bin 31 und arbeite in einem Mobilfunkgeschäft. Leider kann ich nichts beitragen. Gestern Abend traf ich Gustav zum ersten Mal, daher stehe ich in keiner Beziehung zu ihm. Tatsächlich wollte ich an dem Spiel gar nicht teilnehmen. Daphne überredete mich, damit ich nicht alleine bin." Sie verschränkt die Hände ineinander und ringt sichtlich mit den Tränen. Ich bin davon überzeugt, dass sie an ihren Vater denkt. Daphne lehnt sich zu ihr hinüber und tätschelt ihr Knie. Gerne würde ich helfen und ihr ein weiteres Sushi servieren, aber mir ist bewusst, dass dies nicht der richtige Moment dafür ist. Für einen Koch stürzen Welten ein, wenn er sich nicht um seine Gäste kümmern kann. Genauso fühlt es sich an, wenn ich vor einem leeren Kühlschrank stehe. „Nachdem ich das Deserve verlassen habe", fährt sie fort, „bin ich durch den Park hinüber zu meiner Wohnung spaziert. Dort entzündete ich ein Räucherstäbchen für Vater. Ab jetzt werde ich ein zusätzliches für Gustav aufstellen. Ich bedaure, was ihm widerfahren ist."

„Das bedeutet, es gibt keine Zeugen dafür, dass du zur Tatzeit zu Hause warst", sagt Isabella mehr zu sich selbst. „Ich überprüfe all eure Aussagen und versuche, die Alibis zu bestätigen. Maurice, gib mir bitte die Telefonnummer deiner Ehefrau. Das Gespräch wird nicht lange dauern." Sie wendet sich an Daphne und an ihrer Miene erkenne ich, dass es für sie noch nicht ausgestanden ist. „Erstelle mir bitte eine Liste der Bars, die du besucht hast. Ich werde mich umhören. Vielleicht erinnert sich einer der Gäste oder eine Bedienung an dich. Damit seid ihr entlassen, aber haltet euch für Rückfragen bereit." Als das Glöckchen über der zufallenden Tür klingelt und wir letztlich alleine sind, seufzt sie. „Damit sind es elf Tote, eine gewaltige Untersuchung und Freunde unter den Verdächtigen. Schlimmer kann mein Tag kaum werden."

Es braucht keine Gabe, um zu erkennen, was sie in diesem Moment benötigt. Lächelnd greife ich nach der Flasche Rum auf dem Board an der Wand, fülle ihr ein bauchiges Glas und schiebe es ihr zu. Eis und Zitrone lasse ich wohlweislich weg. Isabella langt zu, ohne ihre übliche Beschwerde, dass sie im Dienst sei, leert den Sorgenbrecher in einem Zug und schüttelt sich. Sie sackt auf ihrem Stammplatz zusammen, was mein Zeichen ist. In einem hohen Topf setze ich Vollkorn-Pasta auf dem Herd auf und während das Wasser kocht und Isabella mir ihr Leid klagt, kreiere ich ein Pesto aus gerösteten Pinienkernen, Olivenöl und Parmesan. Endlich tauche ich in meinem Element ab, spüre den hölzernen Messergriff unter meinen Fingern und genieße das Kitzeln der Röstaromen in meiner Nase. Ein Klecks Naturquark vollendet das perfekte Gericht, um Isabellas Stresslevel zu senken. „Bitteschön, hier bekommt jeder, was er verdient."

„Servierst du auch Gerechtigkeit?", fragt Isabella. Ein Lächeln ziert ihre Lippen. „Am besten mit dem Täter als Nachschlag. Ich will nicht glauben, dass unsere Freunde zu den Hauptverdächtigen zählen. Aber es handelt sich um Mord, da darf ich kein Auge zudrücken."

„Ich bin davon überzeugt, dass sie alle unschuldig sind", entgegne ich. „Meine Stammgäste sind keine Mörder."

9. Buddha-Bowl für neue Energie

Ich bin allein im Deserve, stütze mich auf die Arbeitsplatte und schiebe meine Messer von links nach rechts. Alle Stühle sind verwaist, das „Geschlossen"-Schild an der Tür vertreibt mögliche Kundschaft. Es wurmt mich, dass meine Stammgäste unter Verdacht stehen, während ich zugleich Isabella unterstützen will. Der Anblick, wie die drei mein Restaurant verließen, ohne einen Bissen gegessen zu haben, unzufrieden und traurig, lässt mich nicht los. Er widerspricht all meinen Prinzipien als Koch. Ziellos durchstreife ich das Lager, kontrolliere die frischen Lebensmittel und zähle die Getränkekästen ab. Schließlich greife ich zu einer Schüssel und schnipple eine Avocado hinein. Ein Ziel kristallisiert sich wie das Gericht vor meinen Augen. Um meine Gäste aufzuheitern, gilt es ihre Unschuld zu beweisen, von der ich fest überzeugt bin. Ich koche Couscous auf, brate Kichererbsen an und frittiere Tempeh. Aus Jogurt und Schnittlauch mixe ich einen Dip, den ich über alles gieße. Edamame und Pfirsichstücke sorgen für farbliche Akzente und eine Handvoll Feldsalat komplettiert die Buddha-Bowl. Rücklings lehne ich mich an den Herd, spüre die Restwärme der Herdplatte und genieße mein eigenes Mahl. Frisches und Herzhaftes wechseln sich ab und erzeugen ein wohliges Gefühl im Bauch, das mich satt und zufrieden zurücklässt. „Jeder bekommt, was er verdient", sage ich mir.

Mit neuer Energie im Körper zücke ich mein Handy. Meiner Einschätzung nach steht neben Daphnes Namen ein rotes Ausrufezeichen. Ihre Lüge klang zu offensichtlich, als dass Isabella sie geschluckt hätte. Ich verstehe ihre Beweggründe, kann aber nicht zulassen, dass sie deswegen tiefer ins Licht der Verdächtigen rutscht. Um das zu erreichen, nutze ich das Wissen eines Kochs. Durch meine Gabe weiß ich, welche Bedürfnisse Daphne plagen. Es handelt sich um keine Speise aus meinem Topf, sondern um eine Spezialität meines Kollegen Antonio.

„Du schuldest mir noch einen Gefallen wegen der geplatzten Lieferung", erinnere ich ihn, als sich seine gehetzte Stimme meldet. „Wir sind quitt, wenn du Daphne aus ihren Schwierigkeiten boxt. Der Polizei hat sie eine ziemlich dünne Lüge aufgetischt. Kannst du Isabella anrufen und ihr erklären, dass sie bei dir war?" Gespanntes Schweigen, dann ein herzhaftes Lachen. „Natürlich weiß ich es", fahre ich fort. „Liebe geht bekanntlich durch den Magen und nach dem Essen sollst du ruhen. Warum nicht ein gemeinsames Verdauungsschläfchen? Spare die Details aus und vermeide einen Schock für ihren Ehemann." Nach kurzer Diskussion erklärt sich Antonio bereit und ich sende ihm Isabellas Kontaktdaten. „Eins noch", halte ich ihn zurück, als er auflegen will. „Du solltest etwas trinken." Es ist ein verbreitetes Problem unter Köchen, dass wir während der Arbeit gerne vergessen, genügend Flüssigkeit aufzunehmen. Wir verhungern zwar nicht, dehydrieren aber, daher bedankt sich Antonio für den Vorschlag und wir verabreden uns zu einem späteren Treffen. Damit sollte Daphne aus dem Kochtopf hüpfen. Aber nun steigt der Schwierigkeitsgrad. Es gilt ein Gericht für einen Menschen zu kreieren, den ich nie zuvor getroffen habe. Ich kann weder auf Informationen noch auf meine Gabe zurückgreifen. Über der Küche schwebt ein riesiges Fragezeichen.

10. Schokomuffins brechen das Eis

Mit einem Korb unter dem Arm stehe ich vor der Apotheke, deren Adresse mir mein Handy ausgespuckt hat. Die untergehende Sonne sendet ihre roten Strahlen über den Himmel, während der Wind das Aroma der Speisen des türkischen Imbisses von gegenüber herüberweht. Es ist kurz vor Ladenschluss und diese Zeit habe ich absichtlich gewählt, damit mir ein paar Minuten bleiben, um meine Fragen zu stellen. Hier arbeitete Gustav also, fährt es mir beim Anblick all der Medikamentenpackungen durch den Kopf.

„Guten Abend, wie kann ich helfen?", begrüßt mich eine junge Apothekerin. Ihr braunes Haar kontrastiert mit ihrem weißen Kittel und ihre warmen Augen versprühen Freundlichkeit, sodass ich zuversichtlich bin, meine Mission erfüllen zu können.

„Bitteschön, jeder bekommt, was er verdient", sage ich und lüfte das Tuch von meinem

Korb, damit der Geruch von frisch gebackenen Schokomuffins hinausströmt. Im Angesicht der Apothekerin verrät mir meine Gabe, dass ich ein Gericht mit Früchten hätte vorbereiten sollen, verfeinert mit einem Gewürz, das die Schmerzen in ihren Füßen vom langen Stehen lindert. Doch da ich nicht wissen konnte, wer mir letztlich gegenüberstehen würde, habe ich mich für Schokomuffins entschieden. Mit Schokolade liegt man nie daneben. Auf ihren fragenden Blick hin setze ich zu einer Erklärung an. „Ich hörte von Gustav Rauch und wollte mein Beileid bekunden. Da ich Koch bin, habe ich einen Gruß aus der Küche vorbereitet." Ich reiche ihr den Korb und bitte sie, den Inhalt zu verteilen. Die Geste entlockt ihr nicht nur ein freudiges Strahlen, sondern bricht auch das Eis.

„Die Geschichte ist wirklich schrecklich, vor allem für unsere Chefin, die ihn gefunden hat", erzählt die Apothekerin. „Für uns alle ist es ein merkwürdiges Gefühl, dass Gustav fehlt." Sie dreht den Kopf, als prüfe sie, ob uns jemand belauscht. „Menschlich tut es mir unendlich leid, aber Gustav war kein angenehmer Kollege. War ständig mies gelaunt und hat seine schlechte Stimmung an uns oder den Kunden ausgelassen. Eine Freundin hat sogar gekündigt, da sie ihn nicht mehr ertrug. Ich weiß nicht, wie ein Mensch nur so unglücklich mit sich sein kann. Natürlich wollte ich nicht, dass er stirbt", versichert sie schnell. „Er besaß auch seine guten Seiten. Er war äußerst geschickt im Anrühren von speziellen Rezepturen und Medikamenten. Ich habe viel von ihm gelernt und übernehme ab jetzt seine Aufträge."

„Sie sollten die Bestellungen an Chemikalien überprüfen, die er tätigte, und sie mit den Beständen abgleichen", schlage ich vor, was die Apothekerin aus dem Konzept bringt. Ich setze mein charmantestes Lächeln auf. „Nur zur Sicherheit. Stellen Sie sich vor, er hat einen Behälter nicht beschriftet oder dessen Inhalt in einen anderen gefüllt. Wenn ich in der Küche Zucker und Salz verwechsle, ergibt das einen herzhaften Lacher, eine vertauschte Medizin hingegen wäre eine Katastrophe." Die Apothekerin entspannt sich und stimmt mir zu. Ich rate ihr, alles Isabella zu erzählen, dann trete ich den Rückweg an. All meine Braten sind im Ofen und ich hoffe, dass sie gelingen. Leider weiß ich bereits, dass der Geschmack nicht jedem munden wird.

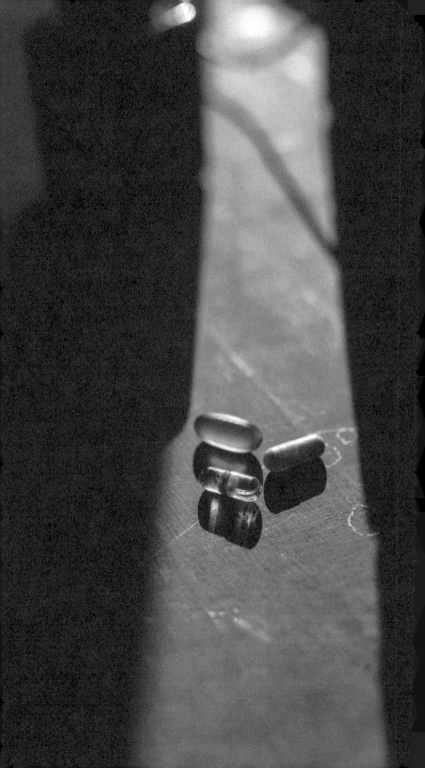

11. Blauer Eisenhut und Fentanyl

Es dauert bis zum Mittagessen, bis meine Voraussicht eintrifft und die heimlichen Zutaten ihre Aromen entfalten. Ich koche gerade eine Brühe, die als Basis für verschiedene Suppen dient, als Isabella durch die Tür platzt, ihr Gesicht blass und verschwitzt. Mit besorgten Mienen folgen Maurice, Daphne und Hana. Selbst bei Maurice, der im Businessanzug eine unbeeindruckte Fassade präsentiert, erkenne ich Schweißflecken unter den Achseln. Die drei scharen sich um die Polizeimeisterin, deren Ausführungen ich zuvorkomme, indem ich ihnen Stühle anbiete und Getränke spendiere. Hana einen grünen Tee zur Beruhigung, Maurice eine Cola, um seinen Zuckerspiegel anzuheben, Isabella einen Eistee mit Zitronenmelisse, um die Konzentration anzuregen, und Daphne einen Traubensaft, den ich halb und halb mit Wein mixe. Ich erwähne es nicht, aber ich weiß nun einmal, was sie braucht.

„Es gibt neue Erkenntnisse im Mordfall von Gustav", eröffnet Isabella und sucht nach den richtigen Worten. „Ich beginne mit euren Alibis. Maurice, deine Ehefrau bestätigte uns, dass du zur fraglichen Zeit bei ihr warst. Außerdem meldete sich ein Koch namens Antonio bei mir, der bekräftigt, dass du sein Lokal besucht hast, Daphne." Beide seufzen erleichtert, aber mir entgeht nicht der Seitenblick, den Isabella Hana zuwirft. „Nun zu Gustav. Die Autopsie ergab, dass er an einer Vergiftung durch Blauen Eisenhut starb, eine weit verbreitete Pflanze. Zusätzlich", Isabella schluckt und zieht einen Zettel aus der Tasche, „wurden auf Hinweis der Apotheke mehrere Substanzen bei ihm sichergestellt. Wie es scheint, löste er doppelte Bestellungen aus und trug jeweils nur eine in die Bestände ein. Meine Kollegen fanden größere Mengen", sie konsultiert ihren Zettel, „Fentanyl in seiner Wohnung." Erwartungsvolles Schweigen. „Er nutzte es, um andere Medikamente damit zu versetzen. Vorrangig Schmerzlösungen, die Kunden individuell in der Apotheke in Auftrag gaben. Wir haben es bereits überprüft: Die zehn Getöteten kauften alle in seiner Apotheke, alle ließen sich Schmerzlösungen anmischen, alle von ihm. Wir werden die Familien kontaktieren und eine posthume Analyse anstoßen, doch wir sind uns einig, dass Gustav tödliche Mengen Fentanyl in die Lösungen einbrachte. Sein Motiv können wir nicht mehr nachvollziehen. Es scheint, als habe er wahllos Medikamente angereichert und so mutwillig all diese Menschen getötet."

Ein Schluchzen unterbricht ihren Vortrag. Hana hält die Hände im Schoß verschränkt, ihr Mund ist zu einer schmalen Linie verengt. Sie bewahrt Haltung, doch Tränen kullern über ihre Wangen.

„Gustav ist der Serienmörder", fährt Isabella fort, „den ich hinter all den Toten vermutete. Es ist nicht zu fassen, dass er gemeinsam mit uns aß und in seiner Wohnung diese Taten beging. Niemand kann begreifen, was hinter der Stirn eines Menschen abläuft. Gustav tötete zehn Menschen mit Gift und auch er starb an einer Vergiftung. Leider müssen wir dies in der Ermittlung berücksichtigen." Sie hebt den Blick und schaut Hana in die Augen, die sich verkrampft. „Da dein Vater zu den Opfern zählt, besitzt du ein starkes Motiv. Außerdem fehlt dir ein Alibi."

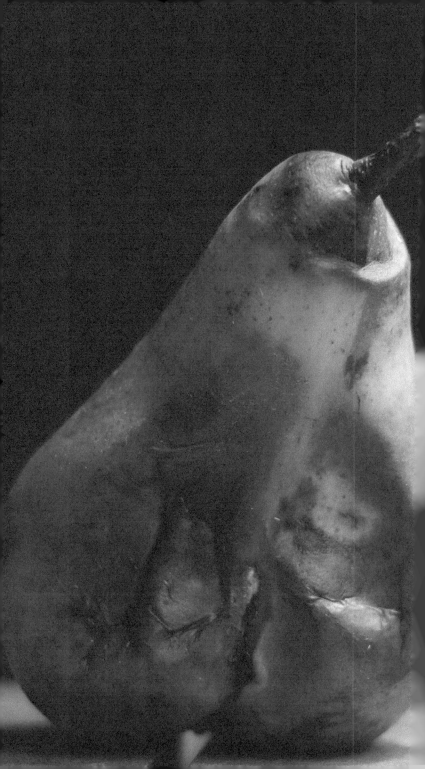

12. Verfaulte Birne

Hana versteift sich, ihre Haut nimmt die Farbe von gedünstetem Rettich an und ich befürchte, dass sie gleich in Ohnmacht fallen wird. Ich eile zu ihr, als sie den Mund öffnet und sich zwingt zu sprechen. „Vater war ein guter Mann. Er hat es nicht verdient, dass ihm so viele Lebensjahre gestohlen wurden. Mit Mutter plante er eine Reise nach Japan. Er war ganz enthusiastisch." Sie zieht ein Taschentuch hervor und tupft sich mit einer würdevollen Bewegung die Tränen ab. „Früher war er Fliesenleger, daher plagten ihn seine Knie und er kaufte diese Schmerzlösung in der Apotheke. Seit Monaten tat er das und war begeistert, wie ausgezeichnet sie ihm half. Hätte ich nur geahnt, dass etwas damit nicht stimmt. Er hätte nicht sterben müssen."

Gebannt warten alle, bis sie weiterspricht. „Ich kannte Gustav nicht. An diesem Abend sah ich ihn das erste Mal. Zwar fand ich seine Art unangenehm, doch hätte ich ihn nicht für einen Mörder gehalten. Es ist wahr, dass ich alleine nach Hause ging und dort den Abend verbrachte. Doch hätte ich es gewusst", sie ballt die Fäuste, „hätte ich ihn umgebracht. Es ist nicht gerecht, was er tat und er erhielt seine wohlverdiente Strafe. Ich bin erleichtert, dass er tot ist."

Daphne schlägt sich die Hände vors Gesicht und schüttelt den Kopf. „Nein, sag sowas nicht. Du kommst in Teufels Küche."

„Rede nicht weiter", rät Maurice. „Hol dir Rechtsbeistand. Mein Anwalt steht dir zur Verfügung."

Isabella schließt sich seiner Meinung an. „Wir führen das Gespräch besser auf der Wache fort. Du verstehst bestimmt, dass du verdächtig bist und dass der offiziellen Befragung ein Anwalt beiwohnen sollte. Ich will dir nichts Böses, aber begleite mich bitte auf die Wache." Qual verzerrt das Gesicht der Polizeimeisterin, als sie sich stöhnend erhebt. Alles an ihr sträubt sich gegen ihre Aufgabe. Daphne keucht, springt auf und fuchtelt mit den Armen. Sie sucht nach Argumenten, bettelt und fleht, aber Maurice hält sie an der Schulter zurück. Nur Hana erträgt die Situation mit stoischer Miene.

Mir dreht sich der Magen um, als hätte ich in eine verfaulte Birne gebissen. In meinem Kopf hatte ich alles anders vorausgesehen. Meine Hoffnung lag darin, dass der Verdacht von meinen drei Stammgästen abfallen würde, doch nun verdichtet er sich gegen Hana, die so viel erleiden musste. Es darf nicht sein, dass ein Gast auf diese Weise das Deserve verlässt, denn hier bekommt jeder, was er verdient. Meine Gedanken rasen. Das Gericht ist verkocht, der Teller zerbrochen, aber der Gast noch hungrig. Eine Lösung muss her, und zwar schnell. Welches Gewürz kann mich aus dieser Misere und sie vor einer falschen Anklage retten? Hana trottet zum Eingang, Isabella dicht an ihrer Seite. Daphne fängt an zu weinen und schimpft mit Maurice, der eingreifen soll. Dieser wirkt unangenehm berührt, reagiert jedoch nicht.

„Ich hätte niemals gedacht, dass Gustav diese widerlichen Taten begangen hat", flüstert er. „Und jetzt Hana. Zwei meiner Freunde. Wem kann ich überhaupt noch trauen?"

„Wartet", rufe ich, umrunde den Tresen und ziehe die gesamte Aufmerksamkeit auf mich. „Sie ist unschuldig."

13. Gruß aus der Küche

„Sie ist unschuldig", wiederhole ich und zücke mein Handy, „und hier ist der Beweis." Mit schwitzigen Fingern scrolle ich durch unzählige Fotos, bis ich das gesuchte finde. Darauf ist Hana zu erkennen, wie sie mein Sushi isst. Isabella eilt zu mir und drängt sich mit Daphne vor dem Bildschirm zusammen. Maurice schielt ihnen über die Schulter. Nur Hana verharrt wie eine Salzsäule an der Tür. „Nachdem ihr alle das Deserve verlassen hattet, unterhielt ich mich mit ihr. Wir kamen auf ihren Vater zu sprechen und ich kochte für sie. Schaut bitte auf die Uhrzeit, zu der ich das Foto aufnahm. Sie kann unmöglich die Tat begangen haben. Ich bin ihr Alibi."

„Gott sei Dank", entfährt es Daphne. Sie wischt sich wenig damenhaft die Nase an ihrem Ärmel ab und zerrt Hana zu uns, die ein schmales Lächeln zustande bringt. „Unsere gute Hana wäre nie dazu imstande. Sie kann keiner Fliege etwas zuleide tun. Es war die Trauer, die aus ihr sprach."

„Kannst du mir bitte das Foto zukommen lassen und deine Aussage fürs Protokoll wiederholen?", fragt Isabella, die zwar erleichtert, aber auch verwirrt scheint. Ich erkläre mich natürlich sofort bereit und säubere mir die schwitzigen Finger an meiner Schürze. „Aber wenn Hana nicht die Täterin ist", fragt die Polizeimeisterin und blickt in die Runde, „wer war es dann? Ihr alle drei habt ein Alibi. Maurice über seine Ehefrau, Daphne über den Koch Antonio und Hana durch Basil."

„Es war niemand von uns", stellt Maurice mit verschränkten Armen fest. „Zieht die Polizei denn einen Suizid in Betracht? Er erschien nie wirklich glücklich. Vielleicht bereute er seine Taten."

„Natürlich verfolgen wir diese Idee", sagt Isabella. „Bisher ist kein Abschiedsbrief oder Ähnliches aufgetaucht, aber seine Kolleginnen und Kollegen aus der Apotheke deuteten etwas in diese Richtung an. Sie meinten, er war dauerhaft griesgrämig und ließ seine miese Laune an allen aus. Ein Suizid ist daher durchaus plausibel." Das Argument schwillt an wie ein Hefeteig und gärt in ihrem Kopf, bis sie überzeugt ist.

Die Stimmung im Raum kippt und Daphne zieht uns alle in eine feste Umarmung.

Mühsam schlüpfe ich daraus hervor und husche in die Küche, wo ich mir einen Barren Bitterschokolade schnappe. Da mir die Muße zum exakten Schneiden fehlt, haue ich mit der gusseisernen Pfanne darauf, sodass sie in grobe Stücke splittert, die ich auf einen Teller wische. Eine Handvoll Himbeeren und einen Sprühstoß Sahne dazu und schon flitze ich zurück zu den anderen. „Das geht aufs Haus", verkünde ich und biete ihnen den süßen Gruß aus der Küche an, der zwar nicht zu hundert Prozent auf ihre Bedürfnisse abgestimmt ist, doch diesmal reicht die Geste. Eine halbe Stunde quatschen wir, bis sich die drei Gäste verabschieden und Isabella telefonisch ihre neusten Erkenntnisse durchgibt. Sie kehrt alleine zurück und sinkt mir gegenüber auf einen Stuhl.

„Was für ein Tag", seufzt sie. „Bei dem Stress kriege ich richtig Hunger." Ihr Grinsen ist mein Signal, auf das ich nur zu gerne gewartet habe. „Am Ende war es schlichtweg Suizid", sagt sie langsam, als habe das Wort einen faden Beigeschmack.

14. Burger mit Kartoffelecken

Ich fröne meiner Leidenschaft. Mein innerer Ofen heizt auf Hochtouren, als ich zu Messer und Schneidbrett greife. Ein Blick über den Tresen in Isabellas Augen verrät mir, was sie in diesem Moment braucht. Ich erkenne ihre Gefühle, ihre Wünsche, die Bedürfnisse ihres Körpers. Die Gabe, die ich besitze, ist perfekt für einen Koch. Es bedarf lediglich der Fähigkeiten und des passenden Handwerkszeugs, um das Bild, welches sich vor meinem inneren Auge manifestiert, umzusetzen. Die Kartoffeln bürste ich ab und hacke sie in grobe Spalten, die ich mit Salz und Paprikapulver bestreue und im Backofen verschwinden lasse. Nebenbei schmilzt bereits die Butter in der Pfanne und verströmt ihr herrliches Aroma. Schnell ist Hackfleisch mit einem Ei, Majoran und ordentlich Pfeffer versehen und landet als flaches Patty im heißen Fett. Während ich koche, hebt sich Isabellas Laune zusehends. Sie lässt die Geschehnisse Revue passieren, ohne dabei mit ausladenden Schilderungen ihrer stressigen Arbeit zu sparen. Damit die Polizeimeisterin nicht trocken auf ihr Essen

warten muss, hole ich ihr eine Flasche alkohol-
freies Bier. Der Hopfen beruhigt ihre strapa-
zierten Nerven. Den Alkohol lasse ich bewusst
weg, er ist gerade nicht das Richtige für sie. Als
ich die Flasche aus dem Kasten ziehe, fällt mir
auf, dass nur noch vier übrig sind. In Gedanken
setze ich neues Bier auf die Einkaufsliste. Zurück hinter dem Tresen erinnere ich mich an
etwas anderes, das ich ebenfalls kaufen muss.
Mein Blick wandert zum Gewürzregal. Für
Gustav habe ich meine Spezialgewürze ange-
brochen, daher sollte ich Paul aus der Gärtnerei
kontaktieren, um meine Vorräte wieder aufzu-
stocken.

„Es ist komisch", sagt Isabella und trinkt
einen großen Schluck. „Der Tod ist für uns
Menschen schwer zu begreifen. Ich begegnete
Gustav nur einmal, trotzdem erscheint es mir
surreal, dass er tot ist. Vor zwei Tagen saß er
hier neben mir am Tresen. Wir waren die Letz-
ten, die ihn lebend sahen, bevor er Suizid beging." Sie seufzt. „Wir untersuchen den Fall
weiter, aber es gibt keine anderen Verdächtigen.
Niemand war an diesem Abend mit ihm zusammen. Außer..." Ich ziehe die duftenden Kartoffelecken aus dem Ofen, wobei ich mir drei
Stück vom Blech mopse. Dieser Versuchung

konnte ich nicht widerstehen. Schnell wasche ich Salatblätter und schneide eine saure Gurke. Die Tomatenscheibe, die Isabella sonst heraus pulen würde, püriere ich fix unter die Soße. Ich weiß, was ihr Körper wirklich benötigt. „Du warst auch hier", sagt sie schließlich. „Aber hättest du eine Gelegenheit gehabt, ihn zu vergiften?" Sie senkt die Stimme, als sie mich dabei beobachtet, wie ich Cheddar über das Patty streue. Mit flinken Händen stelle ich alle Zutaten zu einem Burger zusammen. Die Kartoffelecken landen in einem Schälchen, Mayonnaise serviere ich separat. Als krönenden Abschluss stecke ich einen Spieß durch das Mehrkornbrötchen.

„Bitteschön", sage ich und schiebe ihr den Teller zu, ein Lächeln auf den Lippen. „Hier bekommt jeder, was er verdient."

Eine Falte bildet sich auf ihrer Stirn. Sie sieht mir in die Augen, auf ihren Teller und zurück zu mir. Ihr Mund ist einen Spaltbreit geöffnet. „Er hat zehn Menschen umgebracht", sagt sie und nickt, wie um sich selbst zu bestätigen. „Suizid", wiederholt sie.

15. Jeder bekommt, was er verdient

Ob ich mir die Geschichte ausgedacht habe? Gewiss nicht. Alles trug sich genauso zu, wie ich es dir erzählte. Warum sollte ich lügen? Bedenke, dass sich alles vor einem Jahr abspielte, daher habe ich vermutlich hier und da ein Detail unterschlagen. Aber wenn du Glück hast, besucht Isabella heute das Deserve. Frage sie und sie wird es dir bestätigen. Auch Maurice und Daphne kehren wöchentlich ein. Einzig Hana wohnt nicht mehr in der Stadt. Zusammen mit ihrer Mutter lebt sie mittlerweile in Japan bei ihrer Familie. Hinten am Kühlschrank hängt eine Karte von ihr, die sie mir zu Weihnachten schickte. Ist es nicht schön, so treue Stammkunden zu haben? Ein Segen für einen Gastwirt.

Aber wie du siehst, lag Gustavs Tod nicht zwingend an dem Platz, auf dem du jetzt sitzt. Es war purer Zufall, dass er diesen Stuhl wählte, genauso wie du. Alle anderen malen den Teufel an die Wand. Persönlich halte ich nichts von

Aberglauben. Vielmehr folge ich der Überzeugung, dass in unserer Welt etwas wie Karma existiert. Jede Handlung kehrt schließlich zu uns zurück. Es gleicht dem Essen. Wir können nur das leisten, was wir aufnehmen. Gute Zutaten stärken uns, schlechte schwächen uns. Oder einfach ausgedrückt: Du bist, was du isst. Dieses Motto trifft auf alle Lebenslagen zu. Stimmst du mir zu?

Jedenfalls gab mir meine Geschichte genügend Zeit, dein Gericht zu vollenden. Zumindest fast, denn ich spüre, dass eine Kleinigkeit fehlt. Der Geruch ist nicht vollkommen. Das mag dir merkwürdig erscheinen, aber sicher ist dir bewusst, dass der Geruch einen Großteil des Geschmacks bestimmt. Als Koch befasse ich mich daher intensiv mit allen möglichen Aromen, von süßlich bis feurig. Gib mir eine Sekunde und ich hole das fehlende Gewürz aus meinem Regal, um deinem Gericht die letzte Note zu verpassen. Ich weiß genau, welches ich für dich wählen werde. Ah, nun ist es perfekt und es wird Zeit, anzurichten.

Natürlich serviere ich auf angewärmten Tellern und das Besteck schlage ich in eine weiße Serviette ein. Keine aus Papier, sondern eine hochwertige aus Baumwolle. Ein Mindestmaß an Stil gehört schließlich dazu. Oh, stimmt etwas mit meinen Tattoos nicht? Wofür der Totenkopf über den Messern auf meinem rechten Arm steht? Dir ist demnach aufgefallen, dass er vor einem Jahr noch nicht da war. Nun, Messer sind scharf, nicht wahr?

Et voilà! Dies ist dein Gericht. Es ist perfekt auf dich abgestimmt und wird deinen Geschmack treffen, da bin ich mir absolut sicher. Gleichzeitig erfüllt es deine Wünsche, deine Bedürfnisse, deine Sehnsüchte und sämtliche Schattierungen deiner Seele. All das floss in dein Gericht ein, angeregt durch meine Gabe, die für dich vermutlich schwer zu begreifen ist. Für mich ist sie wie ein Rezept, eine Handlungsanweisung, der ich nur zu folgen brauche. Abschließend bleibt mir lediglich noch eins zu sagen: bitteschön. Hier im Deserve bekommt jeder, was er verdient. Traust du dich, zu probieren?

JOSEPH SINGER

Joseph Singer, geboren 1988 in Suhl, ist mit Büchern und Märchen aufgewachsen. Schon als Kind war er ein großer Fan der Mystery-Krimiserie "Detektiv Conan", die er bis heute mit großer Begeisterung verfolgt. Im Gegensatz zum namensgebenden Detektiv liest er aber nicht nur Sherlock Holmes, sondern ein breites Spektrum an spannender und fantastischer Literatur. Davon inspiriert, begann er während seines Studiums der Nanotechnologie eigene Geschichten zu schreiben. Heute sucht er als Entwicklungsingenieur nach Lösungen für Fälle in der Quantentechnologie. Für eine mögliche Midlife-Crisis plant er bereits die Eröffnung eines vegetarischen Imbisses. Zusammen mit seiner Frau lebt er in München.

Loved this book?
Why not write your own at story.one?

Let's go!